50道简易上海菜谱

作者:凯莉·约翰逊

Table of Contents

- 红烧肉
- 清蒸鲥鱼
- 油爆虾
- 糖醋小排
- 八宝辣酱
- 葱油拌面
- 青菜炒香菇
- 油焖大虾
- 醋溜白菜
- 黄鱼烧豆腐
- 清炒虾仁
- 上海小笼包
- 蟹粉豆腐
- 蒜蓉油麦菜
- 本帮红烧鸡翅
- 炒素什锦
- 蒸鲈鱼

- 扬州炒饭
- 白斩鸡
- 毛豆烧鸭
- 咸肉菜饭
- 绍兴醉鸡
- 干煸四季豆
- 虾仁炒蛋
- 鱼香茄子
- 干烧明虾
- 香菇滑鸡
- 上海葱油饼
- 糟溜鱼片
- 豆豉蒸排骨
- 干锅田鸡
- 红烧狮子头
- 清炒芥蓝
- 红烧鳝鱼
- 八宝鸭
- 炒年糕

- 海带结烧肉
- 青椒炒牛肉
- 上海风味鱼丸汤
- 豆沙锅饼
- 上海生煎包
- 三鲜汤
- 酱爆鸡丁
- 芝麻糖糕
- 清蒸小黄鱼
- 鲜虾云吞汤
- 笋干烧肉
- 素炒豆腐干
- 糖醋藕片
- 红烧鲫鱼

红烧肉

材料：

- 五花肉 500 克，切块
- 老抽 1 大勺
- 生抽 2 大勺
- 冰糖 30 克
- 姜片 3 片
- 葱段适量
- 料酒 2 大勺
- 水适量
- 植物油适量

做法：

1. 五花肉冷水入锅焯水，去血沫捞出洗净。
2. 热锅加少许油，放入冰糖炒化成糖色。
3. 加入五花肉翻炒均匀上色。
4. 加入姜片、葱段、料酒、生抽和老抽炒匀。
5. 倒入适量水没过肉，大火烧开转小火炖 1 小时。
6. 收汁至浓稠即可。

清蒸鲥鱼

材料：

- 鲥鱼 1条（约500克），处理干净
- 姜丝适量
- 葱丝适量
- 盐适量
- 生抽适量
- 植物油适量

做法：

1. 鱼身两侧划几刀，抹盐腌制10分钟。
2. 将姜丝和葱丝塞入鱼腹和鱼身上。
3. 蒸锅水开后，大火蒸10-12分钟。
4. 出锅后淋上生抽和热油即可。

油爆虾

材料：

- 虾 300克，去头去壳保留尾巴
- 蒜末 1大勺
- 姜末 1小勺
- 料酒 1大勺
- 盐适量
- 糖少许
- 植物油适量

做法：

1. 虾用料酒和盐腌制10分钟。
2. 热锅加油，爆香蒜末和姜末。
3. 加入虾快速翻炒至变色。
4. 加少许糖提鲜，炒匀即可。

糖醋小排

材料：

- 小排骨 500 克，切段
- 生抽 2 大勺
- 白醋 3 大勺
- 白糖 3 大勺
- 姜片 3 片
- 葱段适量
- 盐适量
- 植物油适量

做法：

1. 小排焯水洗净。
2. 锅中加油，炒香姜片和葱段。
3. 放入排骨煎至微黄。
4. 加入生抽、白醋、白糖和少量水。
5. 小火炖煮30分钟收汁即可。

八宝辣酱

材料：

- 豆瓣酱 3大勺
- 豆豉 1大勺
- 辣椒粉 1大勺
- 蒜末 2大勺
- 姜末 1大勺
- 葱花适量
- 白糖 1小勺
- 植物油适量

做法：

1. 热锅加油，爆香蒜末、姜末和葱花。
2. 加入豆瓣酱和豆豉炒出红油。
3. 加入辣椒粉和白糖炒匀即可。

葱油拌面

材料：

- 面条 200 克，煮熟
- 葱 2 根，切葱花
- 生抽 2 大勺
- 香油 1 大勺
- 植物油适量
- 白芝麻少许（可选）

做法：

1. 锅中加油，爆香葱花，关火。
2. 将热油连同葱花倒入煮熟的面条中。
3. 加入生抽和香油拌匀，撒上白芝麻即可。

青菜炒香菇

材料：

- 青菜 300 克，洗净切段
- 香菇 100 克，切片
- 蒜末 1 大勺
- 盐适量
- 植物油适量

做法：

1. 热锅加油，爆香蒜末。
2. 加入香菇炒软。
3. 加入青菜大火快炒，加盐调味即可。

油焖大虾

材料：

- 大虾 500克，去须去虾线
- 生抽 2大勺
- 料酒 1大勺
- 糖 1大勺
- 葱段适量
- 姜片适量
- 植物油适量

做法：

1. 热锅加油，爆香姜片和葱段。
2. 放入大虾翻炒至变色。
3. 加入料酒、生抽和糖，加盖焖煮3-5分钟。
4. 汤汁浓稠即可出锅。

醋溜白菜

材料：

- 大白菜 300 克，切片
- 醋 2 大勺
- 糖 1 大勺
- 蒜末 1 大勺
- 盐适量
- 植物油适量

做法：

1. 热锅加油，爆香蒜末。
2. 加入白菜快速翻炒。
3. 加入醋、糖和盐调味，炒匀至白菜断生即可。

黄鱼烧豆腐

材料：

- 黄鱼 1条（约500克），切块
- 豆腐 300克，切块
- 姜片 3片
- 葱段适量
- 生抽 2大勺
- 老抽 1大勺
- 盐适量
- 糖 1小勺
- 水适量
- 植物油适量

做法：

1. 黄鱼块用盐稍腌，热锅加油煎至两面微黄。
2. 加入姜片、葱段爆香。
3. 放入豆腐块，加入生抽、老抽、糖和适量水。
4. 小火烧10-15分钟，收汁即可。

清炒虾仁

材料：

- 虾仁 200克
- 青椒 1个，切丝（可选）
- 蒜末 1大勺
- 盐适量
- 料酒 1小勺
- 植物油适量

做法：

1. 虾仁加盐和料酒腌制10分钟。
2. 热锅加油，爆香蒜末。
3. 加入虾仁快炒至变色，加入青椒丝翻炒均匀即可。

上海小笼包

材料：

- 猪肉馅 300克
- 葱姜末 适量
- 生抽 1大勺
- 料酒 1小勺
- 白胡椒粉 少许
- 猪皮冻或高汤适量（制作汤汁）
- 面粉 300克
- 温水 150克

做法：

1. 猪肉馅加入葱姜末、生抽、料酒、白胡椒粉和猪皮冻拌匀。
2. 和面团醒发后擀成薄皮。
3. 包入馅料，捏成包子形状。
4. 蒸锅水开后蒸8分钟即可。

蟹粉豆腐

材料：

- 嫩豆腐 300 克，切块
- 蟹粉 50 克
- 姜末 1 小勺
- 葱花适量
- 盐适量
- 鸡精少许
- 植物油适量

做法：

1. 豆腐块入开水焯烫，捞出控水。
2. 热锅加油爆香姜末，加入蟹粉炒香。
3. 放入豆腐轻轻翻炒，加盐和鸡精调味。
4. 撒葱花即可。

蒜蓉油麦菜

材料：

- 油麦菜 300 克，洗净切段
- 蒜末 2 大勺
- 盐适量
- 植物油适量

做法：

1. 热锅加油，爆香蒜末。
2. 加入油麦菜大火快速翻炒，加盐调味即可。

本帮红烧鸡翅

材料：

- 鸡翅 500克
- 生抽 2大勺
- 老抽 1大勺
- 冰糖 30克
- 姜片 3片
- 料酒 2大勺
- 葱段适量
- 水适量
- 植物油适量

做法：

1. 鸡翅焯水洗净备用。
2. 锅中加油，炒冰糖至糖色出现。
3. 加入鸡翅炒至上色。
4. 加入姜片、葱段、料酒、生抽、老抽炒匀。
5. 倒入适量水炖煮30分钟，收汁即可。

炒素什锦

材料：

- 胡萝卜 50 克，切片
- 西兰花 100 克，切小朵
- 玉米粒 50 克
- 豌豆 50 克
- 香菇 50 克，切片
- 蒜末 1 大勺
- 盐适量
- 植物油适量

做法：

1. 热锅加油，爆香蒜末。
2. 依次加入各蔬菜快速翻炒，加盐调味即可。

蒸鲈鱼

材料：

- 鲈鱼 1条（约600克），去鳞去内脏洗净
- 姜丝适量
- 葱丝适量
- 盐适量
- 生抽适量
- 香油适量

做法：

1. 鲈鱼两面抹盐，鱼身划几刀。
2. 鱼身上铺姜丝和葱丝。
3. 蒸锅水开后，大火蒸10-12分钟。
4. 出锅后淋上生抽和热香油即可。

扬州炒饭

材料：

- 米饭 300 克（最好隔夜饭）
- 火腿丁 50 克
- 虾仁 50 克
- 豌豆 50 克
- 胡萝卜丁 50 克
- 葱花适量
- 鸡蛋 2 个
- 盐适量
- 植物油适量

做法：

1. 热锅加油，炒熟鸡蛋盛出备用。
2. 加油爆香葱花，加入火腿丁、虾仁、豌豆和胡萝卜丁炒熟。
3. 加入米饭翻炒均匀。
4. 加入鸡蛋，盐调味，炒匀即可。

白斩鸡

材料：

- 整鸡 1只（约1.5公斤）
- 葱段适量
- 姜片适量
- 盐适量
- 料酒 2大勺
- 香油适量

做法：

1. 整鸡清洗干净，锅中加水，放入葱段、姜片和料酒。
2. 水开后放入整鸡，中火煮约30分钟（根据鸡大小调整）。
3. 关火后焖10分钟，捞出放入冷水中冰镇使肉质紧实。
4. 切块，淋上香油，搭配姜葱酱油蘸料食用。

毛豆烧鸭

材料：

- 鸭肉 500克，切块
- 毛豆（毛豌豆）200克
- 姜片适量
- 蒜瓣 3颗
- 生抽 2大勺
- 老抽 1大勺
- 料酒 1大勺
- 糖 1小勺
- 植物油适量

做法：

1. 鸭肉焯水洗净备用。
2. 热锅加油，爆香姜片和蒜瓣。
3. 加入鸭块煸炒上色，加入料酒、生抽、老抽和糖翻炒均匀。
4. 加入毛豆，加适量水，小火炖煮20分钟收汁即可。

咸肉菜饭

材料：

- 咸肉 200 克，切丁
- 大米 2 杯
- 青菜（如小白菜）150 克，切段
- 葱花适量
- 生抽 1 大勺
- 盐适量

做法：

1. 咸肉炒香，备用。
2. 大米洗净，放入电饭锅中，加入炒好的咸肉和生抽。
3. 加入适量水，煮饭到一半时加入青菜和葱花，继续煮熟。
4. 拌匀即可食用。

绍兴醉鸡

材料：

- 鸡腿 2 只
- 绍兴黄酒 200 毫升
- 姜片适量
- 葱段适量
- 盐适量
- 冰糖少许

做法：

1. 鸡腿煮熟，放凉。
2. 将绍兴黄酒、姜片、葱段、盐和冰糖混合制成醉鸡汁。
3. 把鸡腿放入醉鸡汁中浸泡12小时以上，冷藏保存。
4. 切片食用。

干煸四季豆

材料：

- 四季豆 300 克，去筋切段
- 干辣椒适量
- 蒜末 1 大勺
- 花椒适量
- 盐适量
- 植物油适量

做法：

1. 四季豆焯水后沥干。
2. 热锅加油，放入花椒和干辣椒爆香。
3. 加入四季豆煸炒至表皮微皱。
4. 加入蒜末和盐炒匀即可。

虾仁炒蛋

材料：

- 虾仁 150 克
- 鸡蛋 3 个
- 葱花适量
- 盐适量
- 植物油适量

做法：

1. 虾仁洗净，用盐稍腌。
2. 鸡蛋打散，加入少许盐。
3. 热锅加油，先炒虾仁至变色，盛出备用。
4. 加油炒蛋液，半凝固时加入虾仁和葱花，翻炒均匀即可。

鱼香茄子

材料：

- 茄子 300 克，切条
- 豆瓣酱 1 大勺
- 蒜末 1 大勺
- 姜末 1 小勺
- 醋 1 大勺
- 糖 1 大勺
- 生抽 1 大勺
- 水淀粉适量
- 植物油适量

做法：

1. 茄子炸软或炒软备用。
2. 锅中留底油，爆香蒜末和姜末，加入豆瓣酱炒香。
3. 加入茄子，调入醋、糖、生抽，翻炒均匀。
4. 倒入水淀粉勾芡，收汁即可。

干烧明虾

材料:

- 明虾 500克,洗净去虾线
- 蒜末 1大勺
- 姜片适量
- 葱段适量
- 生抽 2大勺
- 糖 1小勺
- 料酒 1大勺
- 植物油适量

做法:

1. 热锅加油,爆香姜片、蒜末和葱段。
2. 放入明虾翻炒至变色。
3. 加入料酒、生抽和糖,盖锅小火焖煮5分钟,收汁即可。

香菇滑鸡

材料：

- 鸡腿肉300克，切块
- 香菇100克，泡发切片
- 葱姜适量
- 生抽2大勺
- 料酒1大勺
- 盐适量
- 水淀粉适量
- 植物油适量

做法：

1. 热锅加油，爆香葱姜。
2. 加入鸡块翻炒至变色。
3. 加入香菇、生抽、料酒和适量水，小火炖煮10分钟。
4. 用水淀粉勾芡，炒匀即可。

上海葱油饼

材料：

- 面粉 300克
- 开水 150毫升
- 葱花 适量
- 盐 少许
- 食用油 适量

做法：

1. 面粉加开水搅拌成面团，揉匀醒30分钟。
2. 擀成薄饼，均匀撒上葱花和盐。
3. 卷成卷状，再卷成螺旋饼状，擀平。
4. 平底锅加油，中火煎至两面金黄酥脆即可。

糟溜鱼片

材料：

- 鱼片 300 克
- 绍兴酒糟（酒糟汁）50 克
- 鸡蛋清 1 个
- 淀粉 适量
- 姜丝、葱丝 适量
- 盐、糖、鸡精 适量

做法：

1. 鱼片用蛋清和淀粉抓匀。
2. 热油锅爆香姜丝和葱丝。
3. 加入鱼片快速翻炒，倒入绍兴酒糟。
4. 加盐、糖调味，稍加水淀粉勾芡，收汁即可。

豆豉蒸排骨

材料：

- 排骨 500 克
- 豆豉 2 大勺
- 姜末适量
- 蒜末适量
- 料酒 1 大勺
- 生抽 1 大勺
- 白胡椒粉适量

做法：

1. 排骨洗净切块，焯水备用。
2. 豆豉、姜蒜末、生抽、料酒调成酱汁。
3. 排骨拌入酱汁，腌制15分钟。
4. 蒸锅水开后，大火蒸30分钟即可。

干锅田鸡

材料：

- 田鸡腿肉 400克
- 干辣椒、花椒适量
- 蒜末、生姜片适量
- 青红椒适量
- 豆瓣酱 1大勺
- 生抽、盐适量
- 葱段适量
- 食用油适量

做法：

1. 田鸡腿肉焯水备用。
2. 热锅加油，爆香干辣椒、花椒、姜蒜。
3. 加入田鸡肉和豆瓣酱翻炒。
4. 加入青红椒和葱段，调味后炒匀即可。

红烧狮子头

材料：

- 猪肉末 500 克
- 葱姜末适量
- 鸡蛋 1 个
- 淀粉 适量
- 生抽、老抽、料酒各适量
- 糖适量
- 高汤适量

做法：

1. 猪肉末加葱姜末、鸡蛋、淀粉和调料，搅拌均匀，做成大肉丸。
2. 油锅中将肉丸煎至金黄。
3. 锅中加高汤、生抽、老抽、糖，放入肉丸小火炖30分钟至入味。

清炒芥蓝

材料：

- 芥蓝 300 克
- 蒜末适量
- 盐适量
- 食用油适量

做法：

1. 芥蓝洗净，切段。
2. 热锅加油，爆香蒜末。
3. 加入芥蓝大火快速翻炒，加入盐调味，炒至断生即可。

红烧鳝鱼

材料：

- 鳝鱼400克，切段
- 姜片适量
- 葱段适量
- 生抽、老抽、料酒适量
- 糖适量
- 食用油适量

做法：

1. 鳝鱼焯水备用。
2. 热锅加油，爆香姜片和葱段。
3. 加入鳝鱼煎炒，倒入生抽、老抽、料酒和糖调味。
4. 加水烧开，小火炖至入味收汁。

八宝鸭

材料：

- 整鸭 1 只
- 糯米 100 克，提前泡软
- 香菇、栗子、火腿、莲子、枸杞、青豆等八宝料适量
- 盐、料酒、生抽适量

做法：

1. 鸭子处理干净，腌制入味。
2. 八宝料与糯米混合调味。
3. 将料塞入鸭腹中，蒸约1.5小时至熟烂。
4. 切块上桌。

炒年糕

材料：

- 年糕条 300 克
- 胡萝卜、青椒、洋葱切丝各适量
- 大蒜末适量
- 生抽、老抽、盐、糖适量
- 食用油适量

做法：

1. 年糕用热水泡软备用。
2. 热锅加油爆香蒜末，加入蔬菜炒软。
3. 加入年糕，调入生抽、老抽、盐和糖快速翻炒均匀即可。

海带结烧肉

材料：

- 猪五花肉 500克
- 干海带结 适量
- 生姜片
- 老抽、生抽、料酒、冰糖

做法：

1. 五花肉切块焯水备用。
2. 干海带结泡发洗净。
3. 锅中热油，放入姜片爆香，加入肉块煸炒。
4. 加入海带结，倒入料酒、生抽、老抽、冰糖和适量水。
5. 小火慢炖1小时，至肉软烂，汤汁浓稠即可。

青椒炒牛肉

材料：

- 牛肉片 300 克
- 青椒 2 个
- 蒜末、姜末适量
- 生抽、盐、料酒、淀粉

做法：

1. 牛肉用生抽、料酒和淀粉腌制15分钟。
2. 青椒切块。
3. 热锅加油，爆香蒜姜，加入牛肉快速翻炒至变色。
4. 加入青椒炒匀，调盐，炒熟即可。

上海风味鱼丸汤

材料：

- 鲜鱼丸 200 克
- 紫菜、豆腐、香菜适量
- 高汤或清水
- 盐、胡椒粉

做法：

1. 锅中倒入高汤烧开。
2. 放入鱼丸煮熟，加入豆腐和紫菜。
3. 加盐和胡椒粉调味，撒香菜出锅。

豆沙锅饼

材料：

- 面粉 200 克
- 红豆沙馅适量
- 糖少许
- 油适量

做法：

1. 面粉加水和成面团，分成小剂子。
2. 擀开包入红豆沙馅，捏紧封口。
3. 平底锅加油，煎至两面金黄即可。

上海生煎包

材料：

- 面粉 300 克
- 猪肉馅 200 克
- 葱姜末
- 生抽、料酒、糖、胡椒粉、芝麻、葱花

做法：

1. 面粉和水揉成面团醒发。
2. 猪肉馅调味。
3. 面团分剂子包入馅料，捏紧。
4. 锅中放油，排放包子底部朝下煎至金黄，加入少量水盖锅焖熟。
5. 出锅撒芝麻和葱花。

三鲜汤

材料：

- 虾仁、鸡蛋、瘦肉片各适量
- 木耳、香菇适量
- 高汤或水
- 盐、胡椒粉、生姜片

做法：

1. 高汤煮开，加入姜片和香菇、木耳煮。
2. 依次放入瘦肉片、虾仁和蛋花。
3. 加盐和胡椒粉调味，煮熟即可。

酱爆鸡丁

材料：

- 鸡胸肉丁 300 克
- 青红椒丁、葱姜蒜末
- 豆瓣酱、生抽、糖、料酒

做法：

1. 鸡丁用料酒、生抽稍腌。
2. 热锅加油爆香葱姜蒜，加入鸡丁炒至变色。
3. 加入豆瓣酱和糖炒匀，加入青红椒丁快炒熟。

芝麻糖糕

材料:

- 糯米粉 200 克
- 糖 100 克
- 水 适量
- 熟白芝麻 适量

做法:

1. 糯米粉加糖和水调成糊状。
2. 倒入模具,撒芝麻。
3. 蒸锅水开后蒸约30分钟。
4. 冷却切块食用。

清蒸小黄鱼

材料：

- 小黄鱼 2条
- 姜丝适量
- 葱段适量
- 盐、料酒、生抽、香油

做法：

1. 小黄鱼清洗干净，鱼身两侧各划几刀。
2. 抹盐和料酒，鱼身铺上姜丝和葱段。
3. 蒸锅水开后，大火蒸8-10分钟。
4. 出锅后淋上生抽和香油，撒葱花即可。

鲜虾云吞汤

材料：

- 云吞皮适量
- 鲜虾仁剁碎
- 猪肉馅适量
- 葱姜末
- 高汤或清水
- 盐、胡椒粉

做法：

1. 虾仁和猪肉馅混合，加盐和葱姜末调味，包入云吞皮。
2. 水煮开，放入云吞煮熟。
3. 另起锅烧高汤，加盐和胡椒粉调味。
4. 将云吞放入汤中，撒葱花出锅。

笋干烧肉

材料:

- 五花肉 400克
- 笋干 适量，泡发
- 姜片
- 老抽、生抽、料酒、冰糖

做法:

1. 五花肉切块焯水，笋干泡软备用。
2. 锅中热油，爆香姜片，放入五花肉煸炒。
3. 加入笋干，倒入料酒、生抽、老抽和冰糖，加水没过材料。
4. 小火炖煮1小时，收汁即可。

素炒豆腐干

材料：

- 豆腐干200克，切丝
- 青椒、胡萝卜适量，切丝
- 蒜末
- 盐、生抽、食用油

做法：

1. 热锅加油，爆香蒜末。
2. 加入豆腐干丝翻炒，加入青椒胡萝卜丝。
3. 加盐、生抽调味，炒匀至熟。

糖醋藕片

材料：

- 藕 300克，切片
- 白糖、醋、生抽、盐、淀粉水

做法：

1. 藕片焯水备用。
2. 锅中放油，倒入藕片翻炒。
3. 加入糖、醋、生抽、盐调味。
4. 用淀粉水勾芡，炒匀即可。

红烧鲫鱼

材料：

- 鲫鱼1条
- 姜片、葱段
- 生抽、老抽、料酒、糖
- 盐、食用油

做法：

1. 鲫鱼清洗干净，两面煎至金黄。
2. 锅中加油，爆香姜葱，加入鲫鱼。
3. 倒入料酒、生抽、老抽和糖，加水没过鱼。
4. 中小火烧20分钟，收汁后撒葱花出锅。

www.ingramcontent.com/pod-product-compliance
Lightning Source LLC
LaVergne TN
LVHW081330060526
838201LV00055B/2552